썰풀다

썰풀다

초판 1쇄 인쇄 | 2016년 7월 6일
초판 1쇄 발행 | 2016년 7월 12일

지은이 | 한범희 / 윤영길
교정/편집 | 김현미 / 권윤미
표지 디자인 | 권윤미
편집주간 | 서정운
펴낸이 | 서지만
펴낸곳 | 하이비전

신고번호 | 제 305-2013-000028호
신고일 | 2013년 9월 4일 (최초 신고일 : 2002년 11월 7일)

주소 | 서울시 동대문구 신설동 97-18 정아빌딩 203호
전화 | 02) 929-9313
홈페이지 | hvs21.com
E-mail | hivi9313@naver.com

ISBN 978-89-91209-55-8

값 : 10,000원

썰풀다

거꾸로 보는 시 세상

하이비전

| 작가의 말 |

한범희 시인과 시집을 만들면서 행복했다.
거꾸로 보는 시집[썰 풀다]는 그의 아이디어다.

[썰]은 說이요, [풀다]는 [본 상태로 만들다]라는 뜻을 가지고 있다.
시인이 글을 쓰지 않는 것은 직무유기이다.
해서, 우리는 詩를 쓴다.

2016. 3월

논현동 작업실에서 윤영길

차례

1부
풍장

2부

풍경소리

3부

대웅전

1
부
풍장

풍장

사랑하게 하소서
하늘을 열어 꽃들을 피고 지게 하는
당신의 순리를 알게 하시고

힘없어, 그녀를 돌보지 못하게 될 때
나를 들판에 던져

바람에 눈물마저 마르게 하소서

다시 만날 때

작업실에서 베로니아와 또 한 아이가 동사했다
나보다 약했나 보다
잘 가라

훗 날
어디에서 만나거든

니가 나 하렴

전생일기

아침 햇살 비켜치는 쪽으로
초록 아이 고개를 내미는 몸짓은
오직 사랑이어라

눈 감고
눈 뜨는 이 생

얼마나 살아야 너를 잊을 수 있겠니

겨울에 내리는 비

나 죽어 천상에 머무리라
바람으로 거닐다가
구름을 몰고

비로 내려
그대를 적시리라

발아래 엎드려 울며 흐리리라

너를 위해

잠 자기 전 운동하기
새벽에 일어나 양치하고 커피 마시기
바른 자세로 걷기

나의 일상이
너에게 위안이 되길

나를 위해 죽기

당신이 그립다

내일은 서둘러 설산에 가련다
눈 덮인 능선 길을 따라 자박자박 걷고 싶으니
운 좋으면 서쪽 하늘 노을도 보아 두리라

당신이
지나간 자리

소복이 쌓인 눈길은 비켜 가리라

白骨로 눕다

한 사내가 거울 앞에 섰습니다
벌어진 가슴 아래로 복근이 보입니다
뼈마디 마디 근육을 키우려 애씁니다

해와 달이 눕는 자리에
돌아오지 않는 강물이 흐릅니다

깊은 밤, 백골이 저벅 저벅 거울 밖으로 내려섭니다

사람과 사람

미워지지 않는 사람이랍니다
가질 수 없어도
그래서 까치처럼 짝발로 걷습니다

다 주어
텅 빈 하늘입니다

사랑하는 이유입니다

꽃망울

얼마나 마음 아팠으면 눈이 터져버렸을까
자아를 찾아가는 여정
바람 한점 베어 물고 아침을 맞이한다

만남은
이별을 감추고

고개를 들어 하늘을 본다

적막강산

한세월 저 만치 앞서가네
내 머리칼 쉬어지지 않은 것은
진실을 외면한 탓일 거고

턱 수염만 흰 것은
거짓을 말한 天刑인가

참 씁쓸한 밤

기억 저편

가까운 이름부터 지운다
댁은 뉘신지요?
노모가 날 보며 던진 말씀

잔인한 슬픔
그녀가 멀어져 간다

눈이 내려 쌓인다

안녕, 내 사랑

밤바람이 차갑다
작업실 발코니에 있는 아이들을 불러 들여 놓았다
이번 겨울에도 죽지 않고 살아보자

타박타박 걷는 그녀도 잘 지냈으면
이끼처럼 다닥다닥 정다운 사람

웃음소리가 꽃이어라

이별준비

팔순 누님이 아끼던 본차이나 찻잔을 들려준다
덤으로 내가 좋아하는 예쁜 접시도 가져가라고 부추기며
하나 가득 여행용 가방을 끌고 돌아왔다

내려가는
그녀의 마음은 가벼워졌을까

난 아직도 넘어야할 언덕길이 있다

경전을 펴다

오늘을
열고 닫는 일이 경전이다
정석定石은 익힌 후, 잊으라 하지

주워 온 화초가 꽃 봉을 보여준다
몇 겁의 생을 건너 온 걸까

그녀 이름마저 지우라 한다

천불동 계곡

살면 살아가 지더라
붉은 달
저 산 넘어가듯

신열에 입술 부르터도
한발 한발

천불동 굽이굽이 흘러가는 게지

귀를 열다

왔던 길 돌아갈 땐 뒤돌아보지 말기
비 오는 산길, 낯선 사람 스치어 지나듯
미안해, 사랑했었다 사과하지 말기

말하지 않아도 들을 수 있는
心底심저의 소리 있으니

서서 죽는 나무를 바라본다

원천

사랑한다고 말할 걸 그랬어
다시
볼 거라 여겼지

강물이 흘러간다는 것은
알았지만

눈물로 돌아올 줄이야

고해성사

보고 싶고
만지고 싶은 마음이
나를 태웁니다

밤마다 그대의 향기가
내 영혼을 앗아 갑니다

세상에 가장 두려운 일은, 한 사람을 사랑한다는 것

바람의 언약

꽃잎 떨어질 때
마디마디 혈관을 관통하던 정열도
알몸으로 눕는다

파랗게 질린 하늘
멀리 가고

바람만이 내 손을 잡는다

이별 연습

안녕을 말 할 때가 오겠지
그녀에게 만은 마지막 인사를 생략하자
이별은 참 서운한 것이니

영 떠난다는 것이 순리지만
내 몸 산산히 부서지는 최후의 아픔

참 상쾌한 새벽이면 좋겠다.

그녀를 사랑하다

그녀, 새벽에 떠났습니다
어둑어둑 꿈 길
한기로 온몸에 소름이 돋습니다

예고치 않은 사랑의 종말
그 빈자리가 두렵습니다

세월은 날 내려놓지 않네요

지방을 사리며

그분들이 오심을 두 손 모아 맞이한다
함께 한 피붙이, 전해 들은 얘기들을 들려준다
바둑판처럼 잘 짜인 이승과 저승

언젠간 가벼운 몸짓으로
이곳을 다녀가겠지

들판을 노니는 바람처럼

아빠의 딸

아빠를 미워한 딸이 있었습니다
임종 며칠 전, 아빠가 힘겹게 입을 열었습니다
[내가 어떻게 하면 되니?]

딸은 속으로 말했습니다
빨리 죽어

다음 생엔 내 아들로 태어나길

사형이야기

사형과 마주하는 다담은 언제나 즐겁다
그가 내어주는 차맛은 청청하다
새벽길, 그녀에게 줄 茶를 소중하게 들고 온다

사형은 전생에 내게 빚진 게 있는가
내가 달라 하면, 돈도 준다

부처님이 사형 같다

무주공산

사선암에 올라, 내가 두어 온 바둑을 복기한다
실리보다 우주류를 고집한 근성으로
벽에서 자유로워했다

定石은 잊어라 했으니
길을 벗어나리

눈길 가는 바람으로 살지

2
부

풍경소리

풍경소리

백회를 열어 하늘을 담고
바람 걸음으로 산길을 내려서는
풍경소리를 배웅한다

비울수록 아름다운 무늬
버리고 떠나는 그대여!

한 걸음으로 가라

오늘의 요리

돌연 점심 약속이 깨졌다
아침 식사를 거른 나에겐 치명적이다
급히 식빵 한 장을 굽고 에그 스크램블을 만들었다

포트에 물을 채웠지만
커피가 보이지 않는다

마트로 뛰어나간다

2cellos

그녀의 음성이 바람 무늬를 만든다
첼로의 깊은 떨림
태초의 말씀을 전한다

부처를 죽여야 부처가 되듯
壁에서 자유를 얻는다

다시 일어서는 파도처럼

덕유산의 새벽

쉰 김치를 물에 빨아 스팸을 투하 찌개를 만든다
삼양라면과 두부를 추가하면
[홀로찌개]가 완성되지

화장을 지우지 못한 채 뜬눈으로 밤을 새운 산
그대 향한 그리움이 간절하다

하늘길이 열리고 있어라

이별과 저 별

뾰족탑 언저리에 공원이 있습니다
매일 생수 두통을 받아 옵니다
막힌 숨통이 뚫려 얼마나 시원한지

한 여름이 빨리도 지나가고
나무 잎들이 곱게 물들어 가는데

그녀는 저 별로 총총 갔습니다

그녀와 나

새벽 산길
눈을 감으면 귀가 열린다
비에 씻긴 낙엽이 눕는다

태초에 생명을 이끈 바람이
몸 낮추어 흐르는 물소리에 얹힌다

그녀, 타박타박 발길에 밟힌다

가을愛

살아있으니
사랑하는 거지요
먼 하늘 바라보는 것처럼

바람이 붑니다
나뭇잎이 흔들립니다

사랑의 몸짓입니다

은하수

밤 하늘 별이 떨어집니다
내가 갈 자리를
비워 두려는 배려인가요

포개진 사랑도
창틀 사이 바람이 됩니다

제자리로 흐르는 강물입니다

보이차 이야기

차마 고도를 넘어 티베트에서 보이차가 왔다
한 잎 한 잎, 天年세월과 바람에 숙성된
단정한 몸을 풀어 놓는다

그녀 내게로 왔으니
가슴에 품으리

해지면 달뜨듯

처음처럼

오늘은 출장 중에 태어난 아들 생일이다
며늘아기가 카톡으로 내 생일을 축하해 준다
잘 살아 주어 고맙구나

아침 햇살처럼
서늘한 바람처럼

男男으로 이렇게

통

밤비 소식 띄우니
햇살로 포장한 소포가 도착한다
풀어 보지 말아야 해

한 땀 한 땀 이어가는
빗살

사랑케 되는 것은 두려운 매듭

봄비

그녀가 오려나
화장을 지운 얼굴이 예뻤었지
머뭇머뭇 내미는 손

산길, 귓가에 스쳐간 바람
사랑해요

당신에 젖는다

설화

당신 오시는 소리가 들립니다
내 어깨에 손을 얹어준 그날
나는 당신을 받아들였지요

이제도 그러합니다.
다시 오지 않을 그대지만

사랑이 사랑을 부릅니다

봄

며늘아기가 내 구두가 멋지다고 한다
냉큼 벗어 아들 운동화와 바꿨다
덤으로 운동복 바지를 얹혀 준다

내 것이 니 것이고
니 것이 내 것이 되니

꽃 피는 봄은 바쁘다

나무에게 말듣기

바람은 이별을 예고한다
억새풀을 누이고 새벽으로 떠난 그녀
돌아오지 않으리라

나무는 가지마다 각혈을 뿌리며
내 등을 토닥인다

모두가 강물처럼 흘러간다고

개자식

애써 자는척했지만 꼬리가 흔들린다
윤 씨가 돌아왔으니 목줄이 풀리겠지
나는 쓰러질 때까지 달리고 달리리라

타는 목마름으로 자유를 외쳤던 시인도
내 심정이었을까

세상 끈, 질기기도 하다

먼 길

텅 빈 가슴으로 산이 운다
이 길을 따라가면 당신을 만날 수 있을까
발자국이 나를 따라나선다

바람 불어
지난 흔적을 덮는다

돌아보지 마라

나무그늘

수술 후 재활치료를 받는 둘째 누나 입원실에 갔다
자고 있는 누나를 내려다 보니 눈이 뜨거워진다
몸을 일으키며 웃는 모습이 엄마 같다

폐백 절 값에 보태라고 봉투를 내어 주신다
오래오래 살아, 함께 마주 하기를

누나는 넉넉하다

봄은 봄이다

건널목 점등이 수수만 번 바뀌었습니다
혹여, 돌아올 길 잃으셨나
핸폰의 문자를 봅니다

목젖 보이며
웃던 소리가

내 몸 가시로 남았습니다

아담의 용기

이브의 사과밭에서 독사와 마주쳤다
한 껏 폼을 잡더니 스르르 돌아선다
곧 추워질 터인데 걱정이다

아담아! 너 어디 있느냐고
수없이 말한들

그녀처럼 통통한 사과를 땄다

사랑을 다듬다

자고 나면 우우 자라는 턱수염
가위로 다듬어 준다
그녀 그리운 마음도

살아있는 동안
꺼트릴 수 없는 불꽃

내 몸 재가 되어도

껌

문학평론가들의 글을 읽어본다
주관적인 입장에서 타인의 시를 평하면서
자신의 이력을 살짝 자랑질한다

요즘 트렌드라는 현대시는 미로를 걷게 한다
독자가 길을 찾지 못하는 시 세상

그들의 시를 잘근 잘근 씹는다

그녀와 두는 바둑

프로기사와 지도대국을 둔 적이 있다
한수 한수 놓으며, 定石은 잊어라 한다
물 흐르듯 제 바둑을 두어야 한다 했지

사랑의 手談
내 돌이 죽어도 괜찮은거

그녀가 기뻐야, 내가 이긴다

사랑에 쓰러지다

서산은
상처를 쓸어안고 지고 있다
사랑을 품어 그리움이 깊은가

강물도 인연으로 왔다가
언약도 이별로 이어져

내가 볼 수 없는 세상으로 가겠지

Man in Love

이른 아침이지만 근사한 레스토랑에서 에그 프라이와 토스트
커피를 여유롭게 즐기고 싶다
여태껏 사지 않았던 로또를 사자

시간이 왜 이리 늦게 가는 거야
거울 앞에서 서성거리며 웃기도 한다

치명적인 아픔도 즐겁다

3
부

대웅전

대웅전

촛불을 태웁니다
서서 울며 당신을 바라봅니다
사랑은 이별의 시작임을 알기에

빛으로 남으소서
내가 떠난 후에도

저 산을 품은 소쩍새도 웁니다

난장판

일은 좆도 안 하면서 바쁜척하는 사람들이 있다
착하지도 않으면서 착한척하는 사람이 있다
지들이 무능 무책임하면서 남 보고 열 내는 사람들이 있다

여의도는 원래
깔끔한 밤 섬이었지만

고액 연봉자들의 GO/STOP 난장판이 돼버렸다

시인

자리에 반듯이 누워 눈을 감으면
그녀 그립고 마음 아파
산처럼 자세를 모로 바꾼다

나무의 발길이 따뜻한 쪽으로 가듯
너를 향한 사랑 거둘 수 없으니

시인으로 살아갈 수밖에

내 사랑 어디에

겨울을 앞에 두니 걱정이 많습니다
예쁘게 자란 아홉 화초들이 닥칠 추위를 견디어 낼지
작업실 환경이 [거시기]해서

나는 툰드라 스타일이지만
초록 아이들은 날 따라오기 힘들 테지요

창문마다 뽁뽁이를 야무지게 붙여야 되겠습니다

사랑한다는 말 목젖을 넘기지 못한 채

그리움은 밤에 깨어납니다
돌아오는 길
비가 내립니다

싸늘한 침대에 몸을 누입니다
당신을 꿈길에서 만나겠지요

살아지는 이유입니다

찬란한 아침

졸린다
무덤을 판다
뽀송뽀송한 그녀가 가슴에 오른다

내일이 없어도 좋으련만
아직 그때가 아니라 한다

입고 갈 바지가 잘 말랐다

개 같은 세상

새벽, 누나가 울면서 전화를 한다
14년을 함께 한 개가 죽었다는 것이다
싸늘한 수컷 옆에서 암놈이 울고 있다고

죽은 놈보다
살아있는 년이 불쌍타 한다

그 집엔 과부들만 뎅그러니 남았다

산중무지

바람이
나무를 쓸어안고 운다
뿌리치지도 잡지도 않는 그녀

첩첩산중
발톱과 손톱은 갈갈이 썩고

이 나이 보이는 게 없으니

집宇로 가는 길

잠에서 깨어나 초록아이들을 둘러본다
한 잎이 시들어 떨어진 자리에
새 순이 돋아난다

生과 死는 함께 있다
태연한 자리바꿈

더 넓은 세상이 가깝게 있구나

나마스테

차창에 커튼을 젖히고 손을 흔든다
그녀가 떠나간다
나마스테

두발로 바로 서
미끄러지는 얼굴 볼 수 있으니

새벽, 새소리 들을 수 있으니

엄마 같은 누나

누나는 단골 돈가스 집에서 날 기다리고 있었다
지문 시집에 실려 있는 당신의 이야기를 읽어 주었다
이제 아파할 나이, 서쪽 하늘

나시만 걸친 젖무덤이 선명하다
손을 뻗어 툭 건드려 보았다

태양보다 밝게 웃었다

싸가지

어려서부터 어른들 앞에서는 [ㅆ] 소리는 내지 못 했다
어른이 되어서도 아랫사람에게 반말을 하지 않는다
말은 인격의 척도이기에

몇몇 의원들의 말투는 싹수가 아예 없다
말에 따라 얼굴도 달라진다

어느새 내 말투에도 [ㅆ] 이, 이거 큰일이다

아나드리 江

그녀는 그리움이다
철철이 흐르는 사랑의 고백
어디쯤에서 돌아오고 있을까

R U OK ?
제 자리에 있으렴

나도 쉬고프다

나무 이야기

해질 무렵, 오세암에서 마등령을 오르다 보면
내 등을 밀어대는 바람 소리
나무 이야기를 듣게 된다

흔들리며 뿌리 내리는
그들의 속말은 나이테에 적혀 있으리라

나무는 홀로 흔들리지 않는다

인간극장

잘 견디어 내는구나
죽기도 힘든
병들은 잎새, 더딘 하루

영화 한 편 찍어 논 심야극장
수고했어요

무대는 바뀌는 것이다

웃픔현실

지하철에서 반가운 사람을 만났다
다행히 같은 방향이었지만
내가 먼저 내려야 했다

지갑을 털어 담뱃값만 남기고 주었다
돈이 생기면 연락 주겠다고 한다

영 못 보겠네 웃으며 말했다

지문

당신의 손을 잡았던 흔적이 남아 있습니다
흘러간 강물인가요
나에겐 눈물입니다

잊고 있나요
사랑한다는 말조차

그리움은 지워지지 않습니다

흔적

소설을 쓰다 보니 詩가 도망 갔다
소설은 술술 넘어가나 詩는 툭툭 걸린다
까칠한 그녀가 쿡쿡 웃겠다

삼백육십오 장이
넘어가고 있다

사는 게 소설이다

역삼동 언덕길

날 서쪽으로 기울어 바람이 차갑습니다
돌아앉은 그녀도 알고 있나요
남겨진 포도는 비바람이 다 따주었다는 전갈을

흐르는 강물따라
우리도 갑니다

은행잎 하나가 내 어깨에 내려앉습니다

사과나무

사과나무뿌리는 제 갈 길을 안다
그녀
떠난 자리

봄비에 홀랑
몸을 맡긴 채

본심은 돌밭에 묻어둔다

썰풀다

거꾸로 보는 시 세상

하이비전

| 들어가는 말 |

시詩는 글로 쓰는 것도 말로 하는 것도 아님을 알았다

시詩는 맞잡은 손을 타고 피로 전해지는 인간적인 뜨거움이 었다

윤영길 시인님과의 만남이 그러했다

「說 풀다」에서 함께 함을 즐겁고 소중한 인연으로 생각한다

2016. 1월

단양에서 한범희

차례

1부
說 I

2부
說 Ⅱ

3부

說Ⅲ

1부

說 I

황태

서서 열반한 선승의 비움처럼
혹한의 날씨에 한 치 흐트러짐 없이
하늘 향해 꼿꼿이
다 내려놓고 말라가는 생선이
바다를 떠나 명태에서
하늘 아래 허허롭게 황태가 되기까지
바람도 넉 달을 울었답니다

황우산 아래서 차박을 하다

30여 년 전과 다름없이 황우산 소쩍새 울음은 낙동강을 건너 야습의 화살처럼 날아와 날 감싼 세월의 찰갑 끈을 끊고 잊었던 청춘의 풀 냄새 가득한 지난 꿈을 깨워 밤새 뒤척이는 기분 좋은 밤이었다

행복 뭐 있나요?

매일 눈 뜨면

소소한 일상 속에

밀물처럼 하얗게

때론 썰물처럼 덤덤하게

내게 오고 간 것들이

지나고 보니 행복이었습니다

한 번은 뜨겁다

누구나 한 번은

불타는 저 석양 속으로

홀로

그 먼 길을 떠나야 한다

하오

후끈 달아오른 하오에
빼꾸기 처절한 울음이
첩첩한 산을 느릿하게 넘어가고
나의 힘든 하루살이도
터덜터덜 고개를 넘어갑니다

풍설風雪이 치는 밤이었지요

떠날 때처럼 말없이 찾아온 사람

눈을 털어도

흰머리칼은 털어지지 않는 세월이었습니다

편견

거떼처럼 달려들어 다름을 포악하게 물어뜯었다

텃세

똥개도 집 앞에서 싸우면 꼬랑지 가랑이 새로 넣고 오줌 질질 싸면서도 반은 먹고 들어간다

탓하지 마라

호랑이를 고양이로 만들었다고
고래를 어항 속 물고기로 만들었다고
탓하지 말고
네가 산이 되고 바다가 되라

쾌도난마

우리 속에 누군가를 배제하며
성장 추동력을 얻는
찰나 비열의 미학이올시다

카리스마

냉열 접점의 눈물인 한 잔의 화주火酒처럼 가슴에 변혁의 불을 지른다

치밀어 오르다

뭔가 뜨거운 것이 치밀어 오름은 큰집 잔칫날 작은집 돼지가 영문도 모르고 죽는 이런 모양새 빠지는 일이 아직도 자행됨입니다

춘야화春夜花

들락날락 봄바람에
꽃은 자지러지고
그 밤, 꽃의 눈물처럼 내리는 비를 맞으며
먼 데서 손님이 찾아왔다

천천히 가시게

빨리 피면 빨리 지리니

짧다

흐른 세월 돌아보면 노루 꼬리만큼 짧더라만 때때로 찾아드는
근심은 겨울밤처럼 깊고도 길다

진정한 강자

늘 변화하며
싸움터를 가리지 않고
멋진 싸움보다
이기는 것이
멋짐을 아는 것이다

종지에 따르는 말술

넘친다

그리하여

온통 세상이 더럽게 어지럽다

작정한 우문은 현답을 토하게 한다

술잔 같은 감성의 칼집에
칼날 같은 이성을 품은
고수의 허허실실 은유다

인생

오란 놈도 없는데
그냥 왔다가
나 홀로 돌아가는
먼 길

이 사람아

어디로 가시는 겐가?
언제 오시려는가?

위하여

어디서

삶의 무게를 지고

나처럼 늙어갈 남은 청춘을 위하여

우물 파는 사람

그대가 있어
그대를 모르는 이들도 물을 마신다

우리는 연어였을까?

아침이면
아이 어른 할 것 없이
집을 나서
미래를 산란하기 위해
강을 거슬러 오르는
한 마리 연어가 된다

영춘永春에서 10년

매일 산과 강이 그려내는 수묵화 속에서 신선처럼 소요했다

열등한 권력

역할놀이에 심취한 치졸한 아이가 되던가?

법을 악용하여 왕조시대로 회귀를 꿈꾸던가?

2
부

說 Ⅱ

여명은 경계입니다

별빛 내리는 밤하늘을 바다로 삼고
달을 배로 삼아 노닐다
까무룩 잠든 사이
강물 소리처럼 맑은 새소리에
달려나갔더니
밤과 낮을 가르는 경계에 서 있었다

어찌할꼬

골목가게 주인이 맘에 안 든다고
그 가게를 제쳐 두고
십 리나 떨어진 가게를 다니며
은근히 내게
무언지 모를
우월성을 시위하는 그놈에게
"그 사람, 사람만 괜찮더라."
"그러면 헹님이나 실컷 댕기소."
차라리 그놈에게 말하느니
만월을 보고 짖는 개를 시끄럽다고 달려들어 무는 게 빠를 판이다.

아버지

세상의 모든 물이
모여드는 바다의 낮음을
변치 않는
산의 높은 기상을
행동으로 가르쳐 주신
아버지는 그 이름만으로도
눈물 나게 하는 유일한 사람입니다

시詩를 줍다

모임에서 만난 초로의 어떤 선생님이
요즘 교육 현실을 이르길
"학생은 난장판
선생은 죽을 판
학교는 개판
그래서 삼 판이올시다."라고 개탄했다

시련은 길을 만든다

어두운 밤이라야
오히려 깊은 산협에
달빛이 잔잔히 배어들어
길을 비추었다

시詩

주춧돌 하나
기둥 하나
달 하나
바람 한 줄기
드나드는 빈집

숙명이란

원과 같아서 시작과 끝이 하나이므로 고향을 떠나던 그 순간부터 나는 돌아가고 있었음을 그땐 몰랐습니다

송화강은 흐른다

잊혀 가는 송화강 푸른 심연에
실오라기 같은
기억의 편린 하나 풀어 놓은 까닭은
절체절명의 위기
자라 거북 수천 마리 떠올라
만든 다리를 건넜다는
주몽을 잊지 않으려는 안타까움이련만
이제 우리에게서 멀어져 가는 남의 나라 강
그래도 송화강은 흐른다

세상이 하얗다

독에다 고등어를 깊이 묻은 소금처럼
간밤 대지에 내린 폭설은
세상이 더는 부패하지 말라고
누군가 염장을 세게 했나 보다

세상 사는 이치

변해야 하는 것은 변해야 하고
변치 말아야 할 것은 변치 말아야 한다

설야雪夜에 걷다

만월
산
은빛 설야雪夜

저 멀리 오두막

한
점
불
빛

거기
당신이 있어 찾아갑니다

삿갓 속에서 비를 피하다

김삿갓 묘역에서 비를 만나 김삿갓 두상 조형물 속에서 비를 피하다 언덕을 올려다보니 김삿갓은 죽어서도 삿갓을 썼어라

누군들 비킬쏘냐?

청산에 삿갓 쓰고 잠들어야 함을

그런데 지금 나는 삿갓을 얼떨결에 빌려 쓴 꼴이니 어디로 가야 하나?

산을 보며 상념에 잠기다

넘어가야 하는 산도
돌아가야 하는 산도
있음을 아는데
많은 시간이 걸렸습니다

산골 노인의 육담肉談

산골 오지에서 노부부를 만났다.

"한적한 곳에 단출하게 두 분이 사시니 사이좋으시겠어요?"

"그런 소리 말어."

노인은 나를 한쪽으로 잡아끌며

"돼지는 울음소리만 빼고 다 먹을 수 있네만
이제 우리 마누란 먹을 건 하나 없고 목청마저 사람 잡는 망나니 칼이라네."

노인은 석양에 비친 긴 그림자를 무겁게 끌며 산으로 오르고 있었다.

비움과 채움

낙엽 진 숲엔 달빛이 가득 찼다

불을 켜 주시오

아직도 날 잊지 않았다면
잠시라도 집으로 돌아가게
마당가에 불을 켜
회한 같은 깊은 밤을 물려주시오

부뚜막을 매만지다

고향 집에서

눈물과 한숨

그리고 어머니의 긴 시간이

불살라져 간 가슴 시린

그 자리를 쉬 떠날 수 없었습니다

봄날 꽃이 피고 지듯

그분과 만남

그리고

떠남이 그러하였습니다

보리

설한풍 들판에서 겨울을 당당하게 맞선 보리만이 열매를 맺듯 거짓이 판치는 세상에 내가 가야 할 길을 잃지 않기 위해 긴 기다림과 혹독한 단련만큼 좋은 벗도 없는 것 같습니다

백제 무왕이 승부수를 던지다

세상을 향한
무왕의 한판 뒤집기가
미륵사 절 마당에
천년 세월을 거슬러
탑 하나 푹 꽂아 두었다

밤새 울던 날

칠흑의 어둠을 뚫고
밤새 울음이 산모롱이를 돌아
타박타박
떠난 그녀의 발소리처럼
내 가슴에 하얗게 내려앉았다

반문했다

은발 내력을 물어
높은 산에 사는 내게
조석으로 일어나는 흰 구름이
머리에 머물다 떠나길 반복하거늘
구름에 물들어
희어지는 게 당연한 것 아니겠냐고 반문했다

바람의 집

두메산골 그 집 마당가에
올해도 어김없이 꽃은 피는데
떠난 주인장은 아니 오고
바람만 오갑니다

모두 잠시 머물다 갈 뿐이다

눈 내리는 소나무 가지에

새 한 마리 날아와

잠시

고단한 날개를 접고

집을 삼아 졸고 있다

머물고 싶은 곳

세상에 태어나

단 한 번

욕심 내본 것은

그대 마음속에

머물고 싶다는 것이었습니다

3
부

說 Ⅲ

들꽃

인위와 경박을 거부하는
투박함에 숨겨진
고매한 향기
너 참 무지하게 예쁘다

돼지와 사람

돼지도 날을 잡아 잡는데
사람 잡는 데는 날도 없다

도인

청산으로 가는데 누가 날 부르는가?
바람 소리 물 소리만 들리는데

단양의 밤

근육이 꿈틀거리는

거대한 짐승을

파묵으로 그린 수묵화가 펼쳐졌다

눈 내린 영춘으로 출근하다

생사를 넘나드는 전장 같은
눈 내린 첩첩산중의 고갯길을
넘고 넘어 출근한 나는
하루를 살아남은 늙은 용병이
전장에서 망중한을 즐기듯
블랙커피 한 모금을 쓰디쓰게 마셨다

녹둔도鹿屯島

사슴의 언덕 섬 녹둔도는
패전을 딛고
불패의 명장 이순신을 만든
강건한 땅이었지만 지금은
약탈된 땅으로
북방에서 잊혀 제 홀로 울다

노여워 마라

당신이 갔을 때 문을 닫아 버리는 난감한 경우, 거절의 의미도 있지만 그것보다는 우연히 그 사람이 당신을 만날 준비가 되지 않은 시점에 찾아갔을 뿐이다

너도 세상의 그들과 다르지 않았다

냉면 한 그릇 시켜 먹고 배웅 인사 시원치 않다며 계산대 아주머니를 힐난하는 그놈이 안방에서 호랑이 잡는 격으로 제가 사회에서 입은 상처를 가증스럽게 치유하는 중이었다

너는 늙지 않는다

나는 늙어가도
나의 낭만은 늙지도 않고
오늘도 휘파람 불며
홀로 저만치 가고 있습니다

너는 누구냐?

정체를 알 수 없는
날 화나게 하는 것을 찾아
강변을 거닐며
나로부터 조금 물러서니
초라한 옹졸함을 만났습니다

내 방식으로 싸운다

나는 쉬어도
너는 쉬지 못한다

남자가 늙으면

개 발에 땀나게 뛰어다니며
식구들에게 아낌없이 준 인생이 건만
이제 가진 것도 없고
오라는 곳도 없고
모두 떠난 집을
그저 눈물 잘금거리며
홀로 지키는 늙은 개가 되었다

나무 이야기

동네 아이들의
재잘거림을 들어주던 나무는 베지 마라
후일 떠났던 아이들이
노년이 되면 추억의 이름으로
한 번은 다시 찾아오리니

길을 묻는 이에게

벽촌에 사는 내게 길을 묻는 이 있어
"산에는 산길이
물에는 물길이 있지만
모두 하나로 이어져 있다."고 대답했다

길 위에서 죽어가는 생명을 보다

한밤 주행 중
저 앞 도로 위
다리 끌며 살아보려
발버둥 치는 야생동물

세태에 허둥대는 날 보는 듯하여
길옆에 차를 세우고 불을 무겁게 내렸습니다

금굴 시간을 토해 내다

70만 년 전이나
지금이나
강은 흐르고
오고 간 것은 사람들
쩍 벌린
금굴의 아가리가
여전히 시간을
남한강에 토해내고 있었다

그것참

너도 늙고

나도 늙고

이제 흘러가는 게 보이니

가슴 먹먹하다

공허함

내 까만 마음에 달 하나 떴다

강은 바다에 이른다

시냇물은 아우성치며 흘러도 깊지 아니하고
강물은 소리 없이 흘러도 얕지 아니하며
모든 물과 하나 되어
결국 세상의 가장 낮고도 넓은 바다로 간다

갑니다

오늘은 어제 되고
내일은 오늘 되고
신록의 끝자락엔 설화가 피느니
흐르는 강물처럼 세월이 잘도 갑니다